3 Avril 1913

V

VENTE
Du Vendredi 3 Avril 1914
HOTEL DROUOT, SALLE N° 7
A DEUX HEURES

TABLEAUX MODERNES

Aquarelles, Pastels, Dessins

GRAVURES

COMMISSAIRE-PRISEUR
Me HENRI BAUDOIN

EXPERTS
MM. GRAAT ET MADOULÉ

CATALOGUE

DE

Tableaux Modernes

AQUARELLES, PASTELS, DESSINS, GRAVURES

Par :

ANTHONISSEN, BILLOTTE, BOMBLED, BRISSOT, CABALLERO, CESBRON
CHAIGNEAU, C. DE COCK, DAMOYE
DELPY, DUPRAY, GAGLIARDINI, GILBERT, HELLEU, J. LE BLANT, N. MOREAU
MONTPÉZAT, LE NAIN, LUMINAIS, J.-B. MILLET
DE NITTIS, OLIVE, PARROT, EUG. PETIT, HENRI PILLE, RAFFAELLI
L. RICHET, TEN CATE
THAULOW, VERNIER, WILLETTE, ETC.

Quelques Tableaux Anciens

DONT LA VENTE AURA LIEU A PARIS

HOTEL DROUOT, SALLE N° 7

LE VENDREDI 3 AVRIL 1914

A deux heures

COMMISSAIRE-PRISEUR
Me HENRI BAUDOIN
10, rue de la Grange-Batelière

EXPERTS
MM. GRAAT ET MADOULÉ
6, rue Godot-de-Mauroi

EXPOSITION PUBLIQUE

Le Jeudi 2 Avril 1914, de deux heures à six heures

CONDITIONS DE LA VENTE

Elle sera faite au comptant.

Les adjudicataires paieront *dix pour cent* en sus des enchères.

Paris. — Imp. de l'Art, Ch. Berger, 41, rue de la Victoire

DÉSIGNATION

GRAVURES, DESSINS TABLEAUX

Appartenant à Madame X...

1 — *Vue de la Ville et du Port de Bayonne.*

Gravure en noir.

ÉCOLE FRANÇAISE

(Genre XVIIIe siècle)

2 — *Offrande à Cérès.*

Fac-similé de sanguine.

GRASSET

(EUGÈNE)

3 — *Étude pour l'affiche de Jeanne d'Arc.*

Lithographie.

JOURDAIN
(HENRI)

4 — *Le Moulin sur la rivière.*
Eau-forte en couleurs.

LE TINTORET
(D'après)

5 — *Scène de martyre.*
Gravure, par Henri Lefort.

OGÉ

6 — *Figure symbolique.*
Lithographie en bistre.

RAFFAELLI

7 — *Vieux Loup de mer.*
Lithographie.

ROCHEGROSSE

8 — *Méditation sur les ruines.*
Lithographie.

WILLETTE
(A.)

9 — *L'Instable fortune.*
Lithographie.

FLANDRIN

10 — *La Femme au miroir.*

Dessin au crayon noir et sanguine.

PILLE

(HENRI)

11 — *Le Baptême.*

12 — *La Sortie de l'élégante.*

Dessins à la plume.

PILLE

(HENRI)

13 — *Quatre études de personnages.*

Dessins rehaussés.

PILLE

(HENRI)

14 — *Paysans, scène bretonne.*

Dessin rehaussé.

PILLE

(HENRI)

15 — *La Partie de cartes.*

Dessin rehaussé.

DUVAL GOZLAN

16 — *Paysanne portant un seau d'eau.*

Pastel.

ÉCOLE FRANÇAISE

17 — *Portrait de Femme.*

Pastel de forme ovale.

ÉCOLE FRANÇAISE

18 — *Portrait d'Homme.*

Pastel de forme ovale.

NITTIS

(J. DE)

19 — *Vase de fleurs.*

Pastel.

NUNÈS-VAIS

20 — *Profil de Jeune Fille.*

Pastel.

LE BLANT

(J.)

21 — *En Vendée : épisode de chouannerie.*

Aquarelle.

LE BLANT

(J.)

22 — *Envoi de bonne année.*

Aquarelle.

LE BLANT
(J.)

23 — *Scène galante.*
Feuille d'éventail. Encadrée.

LETEURTRE

24 — *Le Moulin de Douvres (Seine-et-Marne).*
Aquarelle.

MOREAU
(NICOLAS)

25 — *Cuirassier blessé.*
Aquarelle.

TABLEAUX

BILLOTTE
(RENÉ)

26 — *Le Lavoir.*
Toile.

CESBRON
(ACHILLE)

27 — *Bleuets et coquelicots.*

28 — *Coquelicots et roses.*

29 — *Roses et pivoines.*
Toiles.

DAMOYE
(E.)

30 — *En Sologne; paysage.*
Panneau.

ÉCOLE ESPAGNOLE

31 — *Portrait présumé de Christophe Colomb.*

ÉCOLE FRANÇAISE
(XVIIe siècle)

32 — *Portrait d'un Gentilhomme, à mi-corps, avec manteau rouge, la main gauche appuyée sur une canne.*
Toile.

ÉCOLE FRANÇAISE
(XVIIe siècle)

33 — *Fruits et perroquet.*

34 — *Fleurs et singe.*
Deux dessus de portes, toiles.

ÉCOLE FRANÇAISE

35 — *Portrait d'Homme écrivant.*
Toile.

ÉCOLE HOLLANDAISE

36-37 — *Paysages italiens.*

Deux pendants.
Peintures sur tôle.

GAGLIARDINI

38 — *Port sur la Méditerranée.*

Toile.

GILBERT
(VICTOR)

39 — *Le Serrurier de village.*

Toile.

I. L.

40 — *Corbeille de fruits.*

Signé : *I. L.* et daté : *1627.*
Panneau.

INCONNU

41 — *Vidrecome, cruches en faïence et étoffe sur une console.*

JACQUE
(CHARLES)
(?)

42 — *Berger gardant des moutons ; effet de crépuscule.*

Toile.

J. C.

43 — *Après la chasse.*

Toile.

LE NAIN
(LOUIS)

44 — *Scènes rustiques.*

Deux pendants.

LUMINAIS

45 — *Le Soin des burettes.*

Panneau.

MOREAU
(NICOLAS)

46 — *Étude de chiens.*

Toile.

MOREAU
(NICOLAS)

47 — *Chiens de chasse à l'attache.*

Toile.

OLIVE
(J.-B.)

48 — *Entrée du Port de Marseille.*

Panneau.

OLIVE
(J.-B.)

49 — *Devant Marseille.*
Toile.

PETIT
(EUGÈNE)

50 — *Bourriche de fleurs.*
Toile.

PILLE
(HENRI)

51 — *Le Buveur de bière ; étude de paysans.*

PILLE
(HENRI)

52 — *Un Peintre à Venise.*

PILLE
(HENRI)

53 — *Les Buveurs de bière.*
Toile.

RICHET
(LÉON)

54 — *Les Abords de la ferme.*
Panneau.

RIGAUD

(École de)

55 — *Portrait d'Homme à mi-corps, portant la cuirasse, coiffé d'une perruque.*

Toile.

ROTIG

(G.-F.)

56 — *Cerfs et biches dans la neige.*

Panneau.

VERNIER

(EMILE)

57 — *Rochers au bord de la mer*

Toile.

GRAVURES, DESSINS
TABLEAUX

Appartenant à Divers

58 — *L'Amour du peuple*, par CHARLET; *Homme au Désert*, par CHARLET; *le Colonel Renault,* par BOURBAUD; *le Coup d'œil de l'Aigle et la Pensée triste,* d'après BELLANGÉ; *le Départ et le Retour,* d'après EUGÈNE GIRAUD.

Sept lithographies.

59 — *Sujets de courses.*

Quatre chromolithographies.

60 — *La Faible résistance.*

61 — *L'Amant victorieux.*

Deux gravures en noir formant pendants.

62 — *Le Baiser donné.*

63 — *Le Baiser rendu.*

Deux gravures en noir formant pendants.

64 — *Le Triomphe de Silène.*

Gravure en noir.

65 — *Le Fils ingrat.*

66 — *Les Regrets inutiles.*

67 — *La Piété filiale.*

68 — *Le Divertissement gracieux.*

Quatre gravures en noir formant pendants.

69 — *Allégorie des Arts, etc.*

Onze petites gravures en noir dans un même cadre.

70 — *Portrait de Bonaparte, général en chef de l'armée d'Italie.*

Gravure en noir.

BRISSOT

71 — *Moutons au pâturage.*

Dessin à l'encre de Chine.

HELLEU

72 — *Tête de Jeune Femme.*

Pointe sèche.

HELLEU

73 — *Jeune Femme dans un intérieur.*

Dessin aux trois crayons.

INCONNU

74 — *La Forêt de Soignes (Waterloo).*

75 — *Personnage sous bois.*

Deux dessins au crayon noir formant pendants.

MONTPEZAT

76 — *Cavaliers dans le désert.*

Dessin rehaussé.

MONTPEZAT

77 — *Arabe assis.*

Dessin rehaussé.

CHAIGNEAU
(FERDINAND)

78 — *Troupeau de moutons.*

Aquarelle.

E. F.

79 — *Baigneuses.*

Petite aquarelle.

GIRARDET
(LÉON)

80 — *Personnages dans un parc.*

Aquarelle.

HYDE

81 — *L'Écluse.*
Aquarelle.

MILLET
(JEAN-BAPTISTE)

82 — *Paysage avec troupeau de moutons.*
Aquarelle.

REDELSPERGER
(JACQUES)

83 — *Marines.*
Six petites aquarelles dans un cadre.

TABLEAUX

ANTHONISSEN
(L.-J.)

84 — *Fin de journée autour de Biskra.*

85 — *Femme cousant.*

86 — *Laveuse au bord de la Touques, Trouville.*

BAIN
(M.)

87 — *Route au bord du Loing à Marlotte.*
Toile.

BEGAGLI

88 — *Portrait d'Homme en manteau rouge.*
Toile.

BEGAGLI

89 — *Portrait d'Homme fumant une vipe.*

BOMBLED

90 — *En observation.*
Panneau.

BOURGUIGNON
(GENRE DE)

91 — *Scène de bataille.*
Toile.

CABALLERO
(M.-J.)

92 — *Après la partie.*
Toile.

CABALLERO

93 — *Le Déjeuner interrompu.*

COCK
(CÉSAR DE)

94 — *Paysage avec personnages, animaux et chaumière.*
Toile.

CONINCK (DE)

95 — *Frères et sœur.*

DELPY
(J.)

96 — *La Seine à Conflans, soleil couchant.*

Panneau.

DUPRAY
(H.)

97 — *Grenadier.*

98 — *Officier.*

Deux pendants sur bois.

DUSAUTOY
(J.-L.)

99 — *Il m'aime, un peu, beaucoup...*

Toile.

ÉCOLE FRANÇAISE

100 — *La Diseuse de bonne aventure.*

Toile.

INCONNU

101 — *Portrait de Femme.*

Toile de forme ovale.

MAYRE
(C.)

102 — *Cerises.*

MOREAU
(N.)

103 — *Le Saut de la rivière.*

104 — *Piqueur et ses chiens.*
Deux toiles formant pendants.

MOREAU
(N.)

105 — *Halte de chasseurs sous bois.*
Toile.

MOREAU
(N.)

106 — *Cavalier emportant un cerf sur son cheval.*
Toile.

MOREAU
(N.)

107 — *Chevaux au labourage.*
Toile.

PARROT
(TH.)

108 — *Femme nue.*
Toile.

PELLETIER

109 — *L'Attaque du village.*

110 — *Les Soins aux blessés.*

Toiles.

RICHET

(LÉON)

111 — *Vaches près d'une mare.*

Panneau.

TEN CATE

112 — *Place du Marché à Bruxelles.*

Toile.

THAULOW

113 — *Le Déversoir du moulin.*

Toile.

VERHAGEN

114 — *Raisin, pommes, cerises, pêches, sur une table.*

Panneau.

WINTZ

(G.)

115 — *Vaches au repos dans une clairière.*

Toile.

www.ingramcontent.com/pod-product-compliance
Lightning Source LLC
LaVergne TN
LVHW021529140926
848035LV00047B/1267
9782329487991